școală - sikolwa	2
călătorie - kuhamba	5
transport - kwetfutsa	8
oraș - lidolobha lelikhulu	10
peisaj - libala	14
restaurant - sitolo sekudla	17
supermarket - isuphamakethe	20
băuturi - tinatfo	22
mâncare - kudla	23
gospodărie țărănească - lipulazi	27
casă - indlu	31
cameră de zi - indzawo yamabonakudze	33
bucătărie - likhishi	35
baie - likamelo lekugezela	38
camera copiilor - likamelo lemntfwana	42
îmbrăcăminte - timphahla tekugcoka	44
birou - lihhovisi	49
economie - umnotfo	51
ocupații - tikhundla	53
instrumente - emathulusi	56
instrumente muzicale - insimbi yemculo	57
grădină zoologică - i-zoo	59
sport - temidlalo	62
activități - imisebenti	63
familie - umndeni	67
corp - umtimba	68
spital - sibhedlela	72
urgență - simo lesiphutfumako	76
pământ - Umhlaba	77
ceas - liwashi	79
săptămână - liviki	80
an - umnyaka	81
forme - kubumbeka kwetintfo	83
culori - imibala	84
antonime - lokwehlukile	85
cifre - tinombolo	88
limbi - tilwimi	90
cine/ce/cum - ngubani / ini / njani	91
unde - kuphi	92

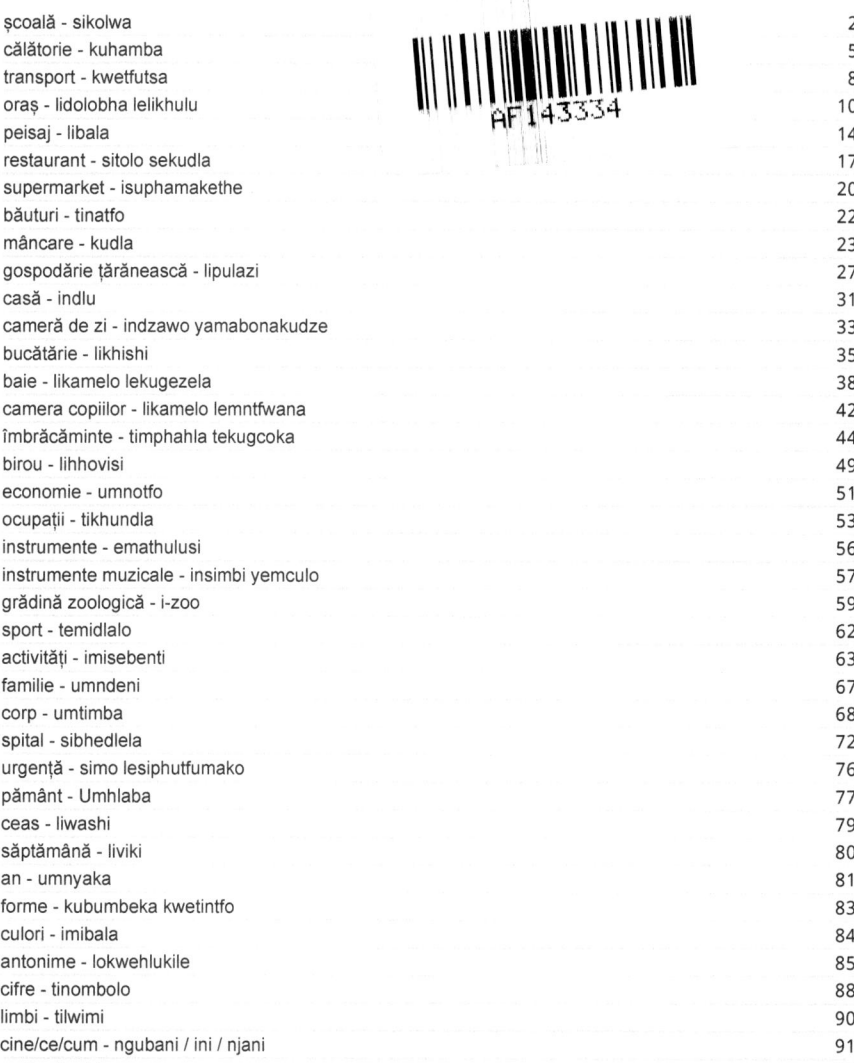

Impressum
Verlag: BABADADA GmbH, Nedderfeld 112 , 22529 Hamburg
Geschäftsführer / Verlagsleitung: Harald Hof
Druck: Books on Demand GmbH, In de Tarpen 42, 22848 Norderstedt

Imprint
Publisher: BABADADA GmbH, Nedderfeld 112 , 22529 Hamburg, Germany
Managing Director / Publishing direction: Harald Hof
Print: Books on Demand GmbH, In de Tarpen 42, 22848 Norderstedt

sală de clasă
likilasi

a împărți
hlukanisa

186/2

tablă
libhodi

curte a școlii
ligceke lesikolwa

profesor
thishela

hârtie
liphepha

a scrie
bhala

instrument de scris
ipeni

ă de birou
lideski

riglă
i-ruler

carte
incwadzi

elev
umuntfu

ghiozdan

sikhwama setincwadzi
tesikolwa

penar

sikhwanyana semapenisela

creion

ipenisela

ascuțitoare

umshini wekulolo ipenisela

radieră

i-rubber

bloc de desen

intfo yekudvweba

desen

umdvwebo

pensulă

libhulashi lekupenda

cutie de acuarele

libhokisi lekupenda

foarfece

tikelo

lipici

i-glue

caiet de exerciții

incwadzi yekutadisha

temă

umsebenti wasekhaya

număr

inombolo

a aduna

hlanganisa

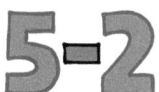

a scădea

susa

a multiplica

phindzaphidza

a calcula

bala

literă

incwadzi

alfabet

feleba

cuvânt

ligama

text

umbhalo

a citi

fundza

cretă

ishogo

oră

sifundvo

catalog

i-register

examen

sivivinyo sekugcina

certificat

sitifiketi

uniformă școlară

timphahla tesikolwa

educație

imfundvo

enciclopedie

i-ensaklopheda

universitate

inyuvesi

microscop

sipopolo

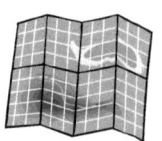

hartă

libalave

coș de gunoi

libhakede lekulahla
emaphepha

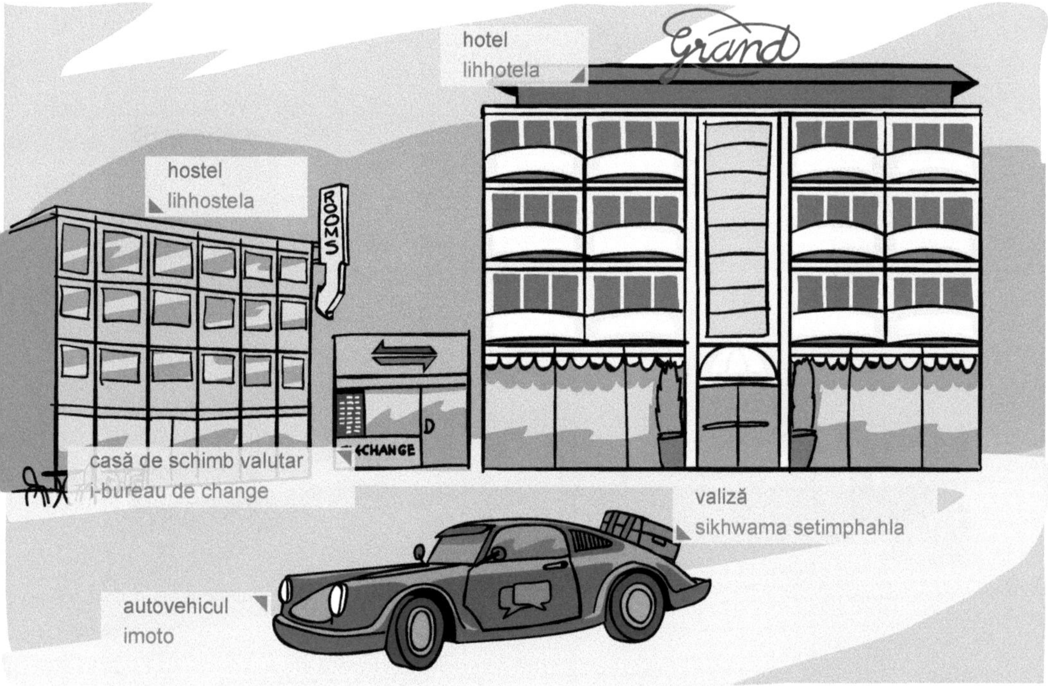

hotel
lihhotela
Grand
hostel
lihhostela
ROOMS
casă de schimb valutar
i-bureau de change
CHANGE
valiză
sikhwama setimphahla
autovehicul
imoto

limbă

lulwimi

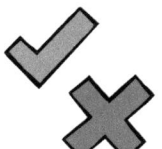

da/nu

yebo / cha

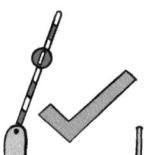

okay

Kulungile

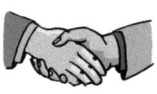

Bună!

sawubona

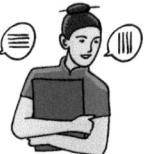

interpret

umhumushi

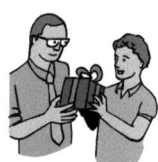

mulțumesc

Siyabonga

Cât costă…?

ingumalini i….?

Nu înțeleg

angivisisi kahle

problemă

inkinga

Bună seara!

Lishonile!

Bună dimineața!

Kusile!

Noapte bună!

Ulale kahle!

la revedere

sala kahle

direcție

sicondziso

bagaj

umtfwalo

geantă

sikhwama

rucsac

sikhwama lesigacwako

oaspete

sivakashi

cameră

likamelo

sac de dormit

sikhwama sekulala

cort

lithende

punct de informare turistică

imininingwane yetivakashi

plajă

ibhishi

carte de credit

likhadi lemali

mic dejun

kudla kwasekuseni

masa de prânz

kudla kwasemini

cină

kudla kwantsambama

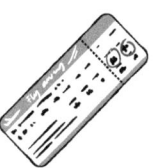

bilet de călătorie

lithikithi

lift

i-lift

timbru poștal

sitembu

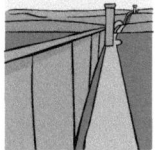

graniță

umcele

vamă

emakhasimende

ambasadă

i-embasi

viză

i-visa

pașaport

ipasipoti

transport

kwetfutsa

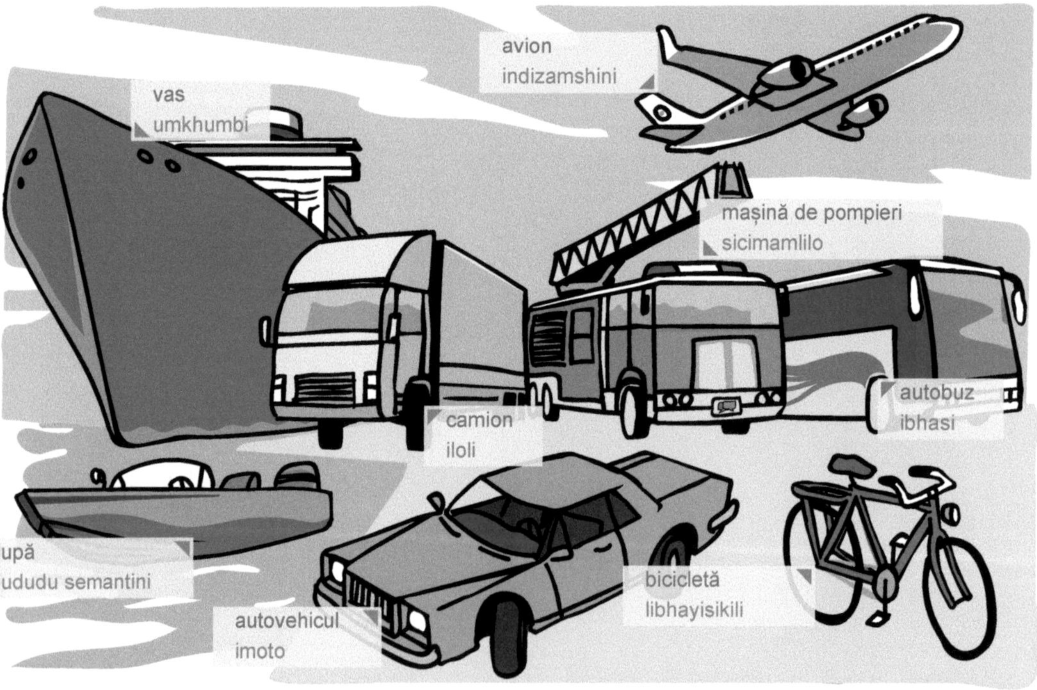

avion
indizamshini
vas
umkhumbi
mașină de pompieri
sicimamlilo
autobuz
ibhasi
camion
iloli
lupă
dududu semantini
bicicletă
libhayisikili
autovehicul
imoto

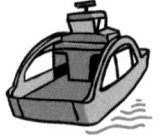

feribot

i-ferry

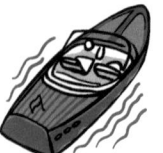

barcă

sikebhe

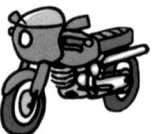

motocicletă

sidududu

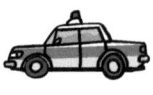

mașină de poliție

imoto yemaphoyisa

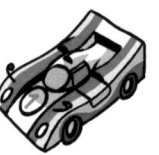

mașină de curse

imoto yemjaho

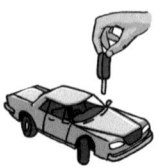

mașină închiriată

imoto yekucashisa

car sharing

kubolekana imoto

mașină de tractat

i-breadown

mașină de gunoi

iloli yetibi

motor

imoto

combustibil

phethiloli

benzinărie

ligalaji laphethiloli

semn de circulație

luphawu lwemgwaco

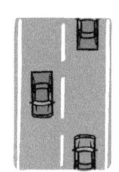

trafic

incumbi yetimoto

ambuteiaj

incumbi yetimoto letime emngwacweni

parcare

ipaki yemoto

gară

siteshi sesitimela

șine

imizila

tren

sitimela

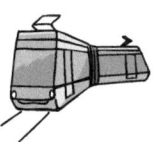

tramvai

i-tram

vagon

inkalishi

elicopter

indiza lenaphephela
emhlane

aeroport

sikhungo setindiza

turn

imoto yekudvonsa
letibhajiwe

pasager

bagibeli

container

intfo yekutfwala

carton

likhathoni

căruţă

i-cart

coş

bhasikidi

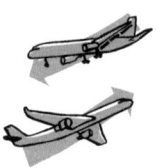

a decola/a ateriza

kusuka / kwehla

oraș

lidolobha lelikhulu

sat

umuti

centru

ekhatsi nelidolobha

casă

indlu

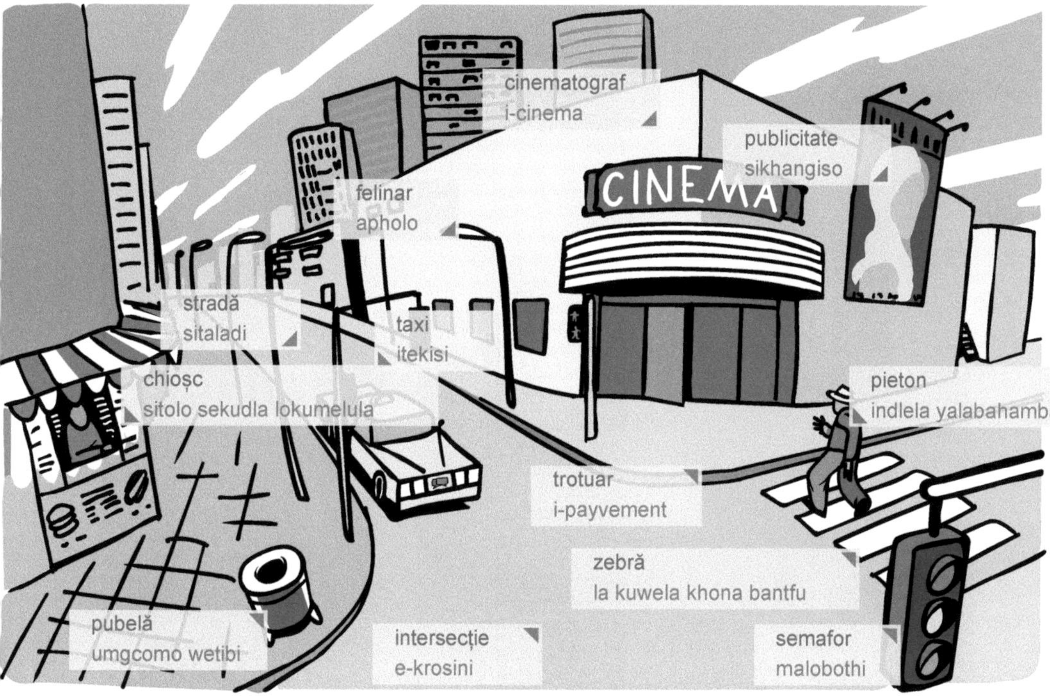

cinematograf
i-cinema

publicitate
sikhangiso

felinar
apholo

stradă
sitaladi

taxi
itekisi

chioșc
sitolo sekudla lokumelula

pieton
indlela yalabahamba

trotuar
i-payvement

zebră
la kuwela khona bantfu

pubelă
umgcomo wetibi

intersecție
e-krosini

semafor
malobothi

cabană

gucasthandaze

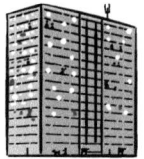

apartament

lifulethi

gară

siteshi sesitimela

primărie

lihholwa lasedolobheni

muzeu

imnyusiyamu

școală

sikolwa

universitate

inyuvesi

bancă

libhange

spital

sibhedlela

hotel

lihhotela

farmacie

ikhemisi

birou

lihhovisi

librărie

sitolo setincwadzi

magazin

sitolo

florărie

lotsengisa timbali

supermarket

isuphamakethe

piață

imakethe

magazin universal

litiko letitolo

comerciant de pește

batsengisi betimfishi

centru comercial

luchungechuge lwetitolo

port

sikhungo

parc

lipaki

bancă

libhentji

pod

libhuloho

trepte

titezi

metrou

ngephansi kwemhlaba

tunel

umhume

stație de autobuz

siteshi sebhasi

bar

sitolo setjwala

restaurant

sitolo sekudla

cutie poștală

libhokisi leliposi

tăbliță indicatoare cu
numele străzii

luphawu lwemgwaco

parcometru

umshini lobala sikhatsi
sekupaka

grădină zoologică

i-zoo

piscină

i-swimming pool

moschee

lisontfo lemasulumane

gospodărie țărănească

lipulazi

poluare

kugcolisa umoya

cimitir

emathuna

biserică

lisontfo

loc de joacă

inkhundla yetemidlalo

templu

lithempeli

peisaj
libala

frunză
licembe

indicator
luphawu lwemgwaco

drum
indlela

pajiște
umshiya

piatră
litje

drumeț
lohamba indlela lendze ngetinyawo

copac
sihlahla

râu
umfula

iarbă
tjani

floare
imbali

vale

sihosha

deal

ligcuma

lac

lidanyana

pădure

lihlatsi

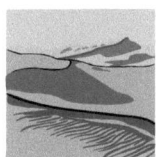

deșert

lihlane

vulcan

intsabamlilo

castel

umhlambi wetinkhomo

curcubeu

umushi wenkhosatane

ciupercă

likhowa

palmier

sihlahla semphayini

țânțar

imbuzulwane

muscă

kundiza

furnică

intfutfwane

albină

inyosi

păianjen

sayobi

gândac

inkhubabulongo

broască

sicoco

veveriță

chakijane

arici

ingungumbane

iepure

lolunye luhlobo lwalogwaja

bufniță

sikhova

pasăre

inyoni

lebădă

i-swan

porc mistreț

ingulube yesiganga

cerb

inyamatane

elan

i-moose

dig

lidamu

turbină eoliană

i-wind turbine

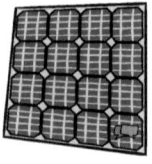

panou solar

i-solar panel

climă

simo selitulu

restaurant
sitolo sekudla

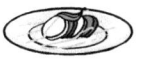

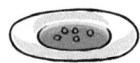

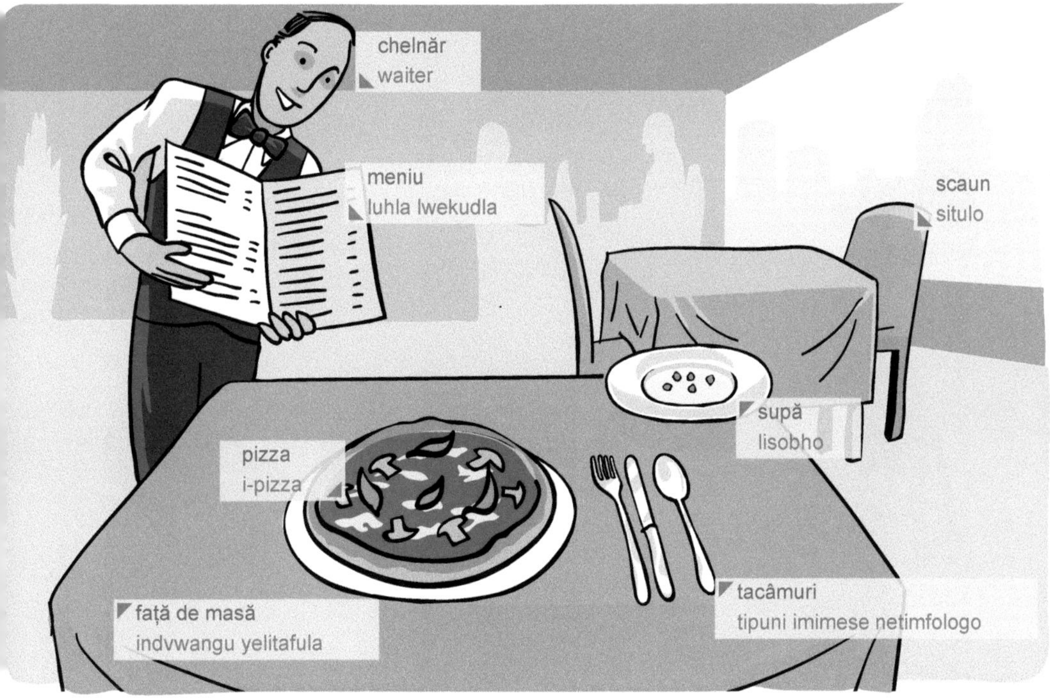
chelnăr
waiter
meniu
luhla lwekudla
scaun
situlo
supă
lisobho
pizza
i-pizza
tacâmuri
tipuni imimese netimfologo
față de masă
indvwangu yelitafula

antreu

kudla lokusicalo

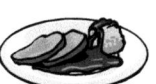

fel principal

kudla locinile

desert

idizethi

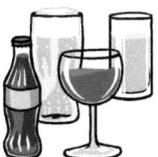

băuturi

tinatfo

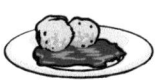

mâncare

kudla

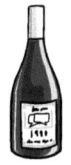

sticlă

libhodlela

fastfood

kudla lokusheshako

streetfood

kudla kwasemngwacweni

ceainic

ligedlela lelitiye

zaharniță

indishi yashukela

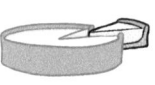

porție

incenye

espressor

umshini we-espresso

scaun înalt (pentru copii)

situlo lesiphakeme

factură

ibhili

tavă

li-tray

cuțit

umukhwa

furculiță

imfologo

lingură

sipuni

linguriță

sipuni lesincane

șervețel

ithishu yetandla

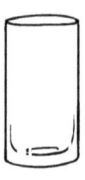

pahar

ligilasi

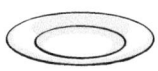

farfurie

lipuleti

farfurie de supă

lipuleti lelisobho

farfurie

lipringi

sos

i-sauce

solniță

libhodvo lasawoti

râșniță de piper

i-pepper mill

oțet

niniga

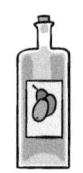

ulei

emafutsa awoyela

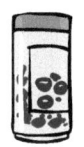

condimente

tipayisi

ketchup

i-ketchup

muștar

i-mustard

maioneză

mayonasi

supermarket

isuphamakethe

ofertă
lokusendalini
FOR
client
likhasimende
produse lactate
indzawo yelubisi
fructe
titselo
cărucior de cumpărături
i-trolley

BUTCHERS

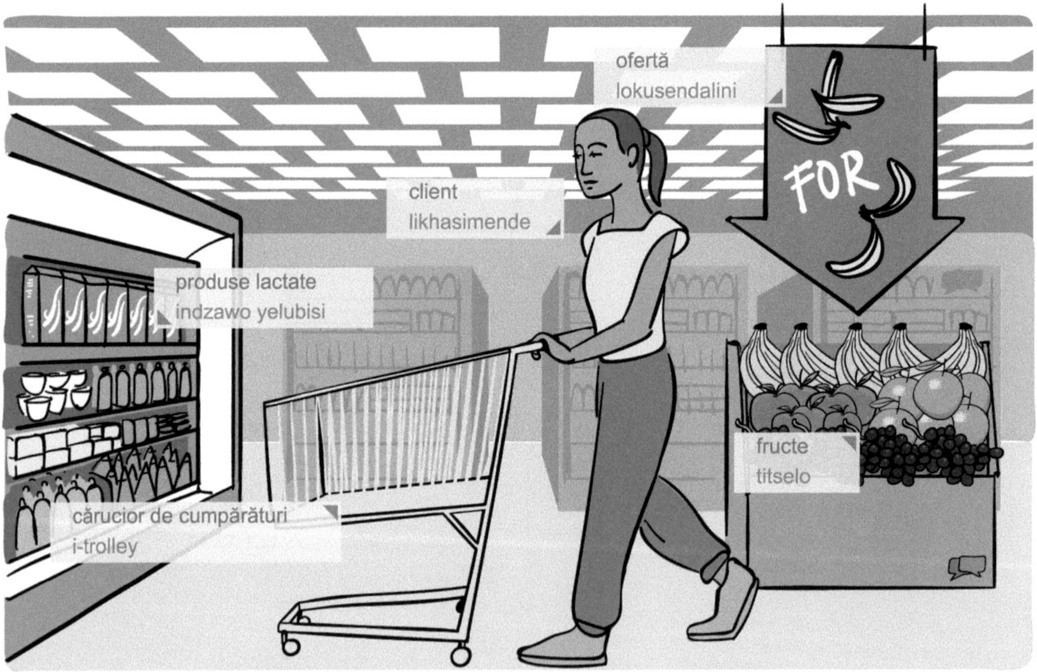

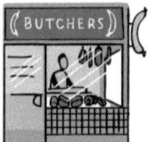

măcelărie

ibhushari

BAKERY

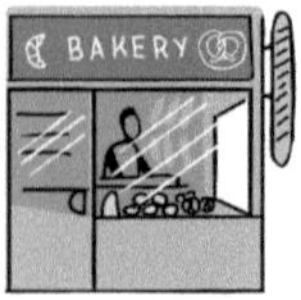

brutărie

i-baker

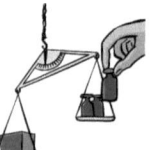

a cântări

kala

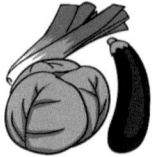

legume

tibhidvo

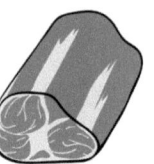

carne

inyama

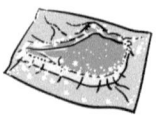

alimente refrigerate

kudla lokucandzisiwe

mezeluri și brânzeturi feliate

inyama lebandzako

conserve

kudla likusemathinini

detergent

insipho yekuwasha

dulciuri

emaswidi

articole de menaj

tintfo tasekhaya

produse de curățenie

imitsi yekukolobha

vânzătoare

umuntfu lotsengisako

casă

endzaweni yekubhadala

casier

umtsengisi

listă de cumpărături

luhla lwetintfo tekutsengwa

orar

ema-awa ekuvula

portmoneu

sipatji

carte de credit

likhadi lemali

geantă

sikhwama

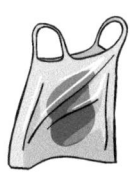

pungă de plastic

sikhwama seshekhasi

apă

emanti

suc

ijuzi

lapte

lubisi

cola

ikhokhi

vin

liwani

bere

ibhiya

alcool

tjwala

cacao

ikhokho

ceai

litiye

cafea

likhofi

espresso

i-espresso

cappucino

i-cappuccino

banane

bhanana

măr

lihhabhula

portocală

liwolintji

pepene

melon

lămâie

ilemoni

morcov

emavondlela

usturoi

galiki

bambus

i-bamboo

ceapă

anyanisi

ciupercă

emakhowa

nuci

emantongomane

paste făinoase

ema-noodles

spagheti

sipageti

orez

lilayisi

salată

isaladi

cartofi prăjiți

emashibusi

cartofi țărănești

emazambane lafrayiwe

pizza

i-pizza

hamburger

i-burger

sandwich

isengwishi

șnițel

inyama lefulawe netimvitsi
tesinkhwa

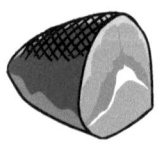

șuncă

i-ham

salam

isalami

cârnați

livosi

pui

inyama yenkhukhu

friptură

lokufrayiwe

pește

imfishi

fulgi de ovăz

i-oats

musli

imusili

cereale

ema-cornflakes

făină

fulawa

corn

ema-croissant

chifle

sinkhwa

pâine

sinkhwa

pâine prăjită

linkhwa lesithosiwe

biscuiți

emabhisikidi

unt

bhotela

brânză de vaci

i-curd

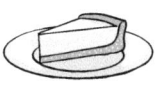

prăjitură

likhekhe

ou

emacandza

ouă ochiuri

emacandza lafulayiwe

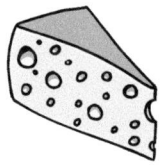

brânză

ishizi

înghețată

i-ice cream

zahăr

shukela

miere

luju

marmeladă

jamu

cremă nuga

shokolethi

curry

ikheri

mâncare - kudla

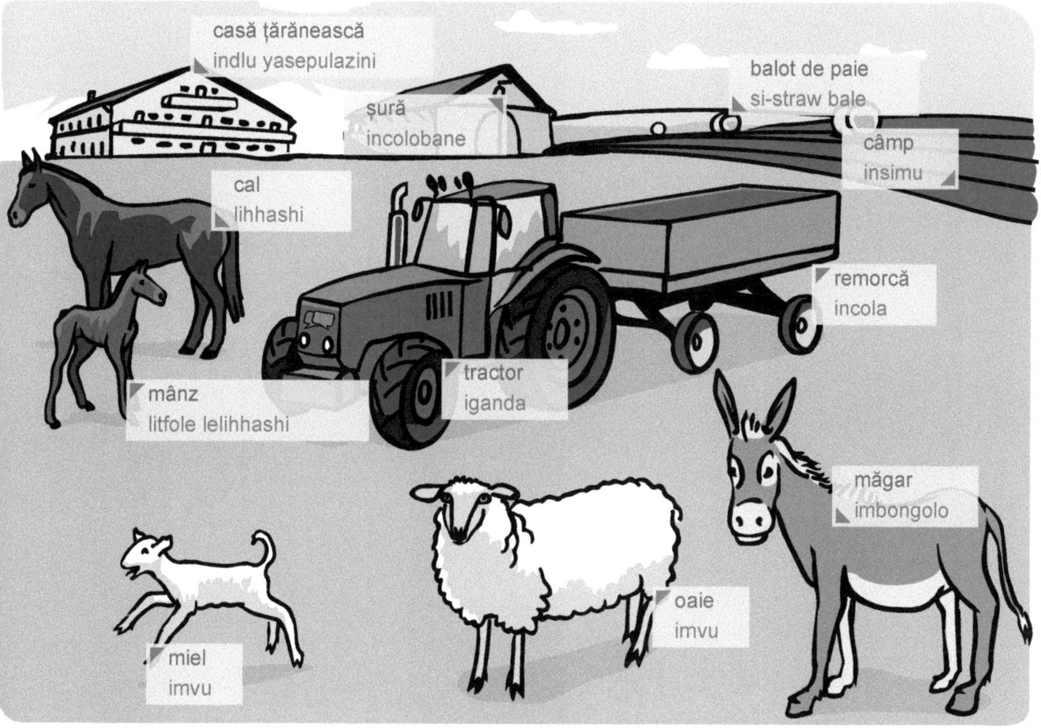

casă țărănească
indlu yasepulazini

șură
incolobane

balot de paie
si-straw bale

câmp
insimu

cal
lihhashi

remorcă
incola

mânz
litfole lelihhashi

tractor
iganda

măgar
imbongolo

oaie
imvu

miel
imvu

capră
imbuti

vacă
inkhomo

vițel
litfole

porc
ingulube

purcel
ingulutjana

taur
inkhunzi

găină

lihansi

rață

lidada

pui

lintjwele

găină

sikhukhukati

cocoș

lichudze

șobolan

ligundvwane

pisică

likati

șoarece

ligundvwane lelincane

bou

inkhunzi

câine

inja

cușcă

indlu yenja

furtun de grădină

liphayiphi lemanti
asengadzini

stropitoare

libhakede lemanti

coasă

i-scythe

plug

likhuba leganda

seceră

lisikela

sapă

likhuba

furcă

imfologo yetjani

secure

lizembe

roabă

libhala

troacă

litrofula

cană pentru lapte

iromkani

sac

lisaka

gard

ifenisi

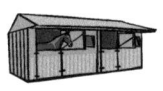

grajd

sitebele

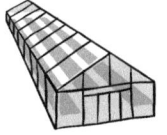

seră

indlu leluhlata

sol

umhlabatsi

sămânță

imbewu

fertilizator

sivundzisi

combină de treierat

bavuni

a culege
vuna

recoltă
sivuno

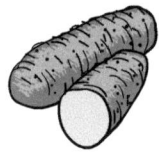

cartof yam
i-yams

grâu
likhula

soia
isoyi

cartof
lizambane

porumb
sibhuluja sembila

rapiță
i-rapeseed

pom fructifer
sihlahla setitselo

manioc
bhatata

cereale
ema-cereals

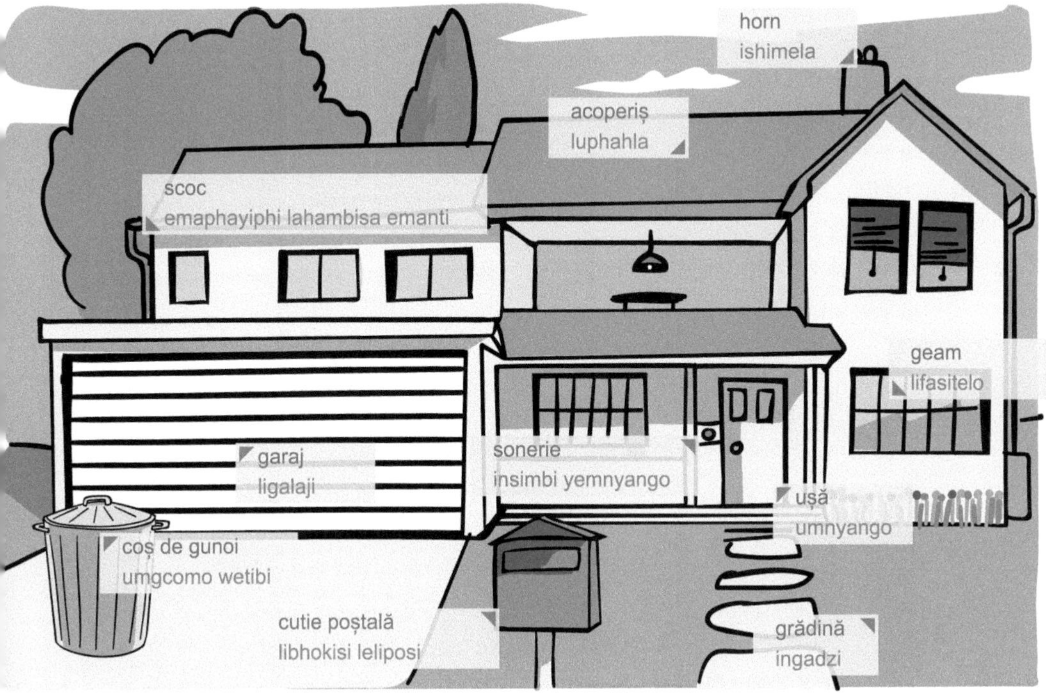

horn
ishimela

acoperiș
luphahla

scoc
emaphayiphi lahambisa emanti

geam
lifasitelo

garaj
ligalaji

sonerie
insimbi yemnyango

ușă
umnyango

coș de gunoi
umgcomo wetibi

cutie poștală
libhokisi leliposi

grădină
ingadzi

cameră de zi

indzawo yamabonakudze

baie

likamelo lekugezela

bucătărie

likhishi

dormitor

likamelo

camera copiilor

likamelo lemntfwana

sufragerie

ligumbu lekudlela

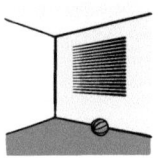

podea
siyilo

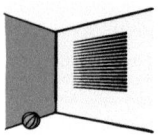

perete
lubondza

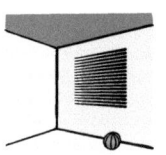

tavan
isilingi

pivniță
i-cellar

saună
i-sauna

balcon
umpheme

terasă
libala

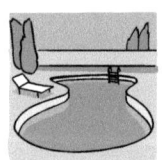

piscină
lidamu lekududa

mașină de tuns iarba
umshini wetjani

cearșaf
lishidi

cuvertură
ibhedspredi

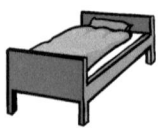

pat
umbhedze

mătură
umshanelo

găleată
libhakede

întrerupător
iswishi

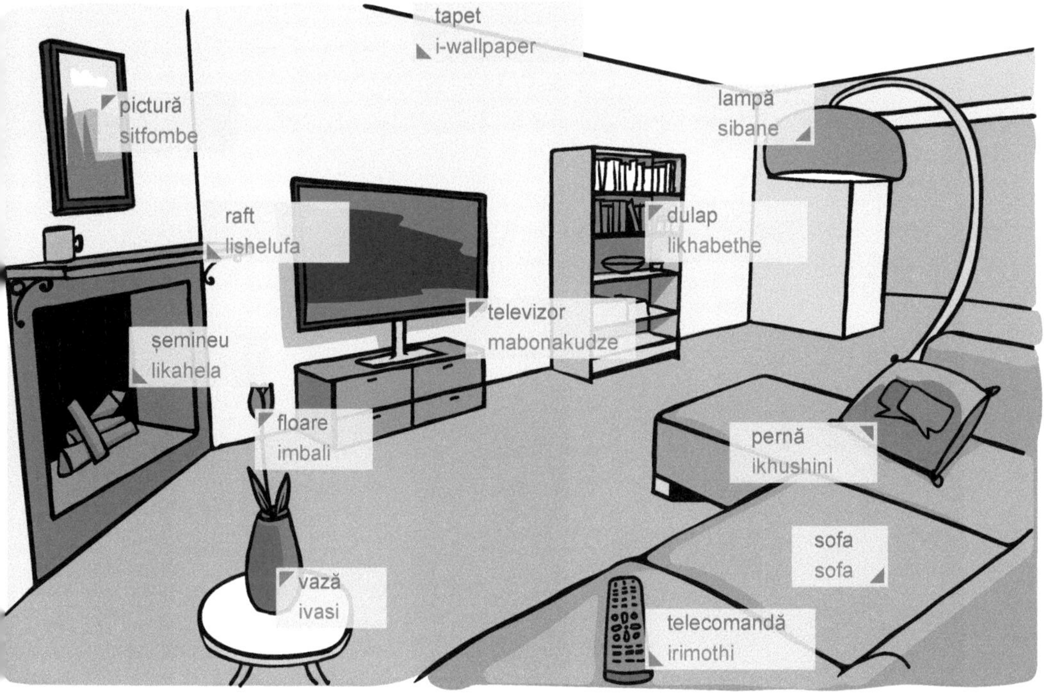

tapet
i-wallpaper

pictură
sitfombe

lampă
sibane

raft
lishelufa

dulap
likhabethe

șemineu
likahela

televizor
mabonakudze

floare
imbali

pernă
ikhushini

sofa
sofa

vază
ivasi

telecomandă
irimothi

covor

imadi yendlu

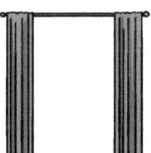

perdea

likhetheni

masă

litafula

scaun

situlo

balansoar

situlo sangephandle

fotoliu

situlosemikhono

carte

incwadzi

pătură

ingubo

decoraţiune

umhlobiso

lemn de foc

tinkhuni tekubasa

film

lifilimu

instalaţie stereo

igumbagumba

cheie

tikhiya

ziar

liphephandzaba

desen

pende

poster

likhadi laselubondzeni

radio

iwayilensi

caiet de notiţe

kwekutsa emaphuzu

aspirator

i-hoover

cactus

sitjalo lokutsiwa yi-cactus

lumânare

likhandlela

bucătărie
likhishi

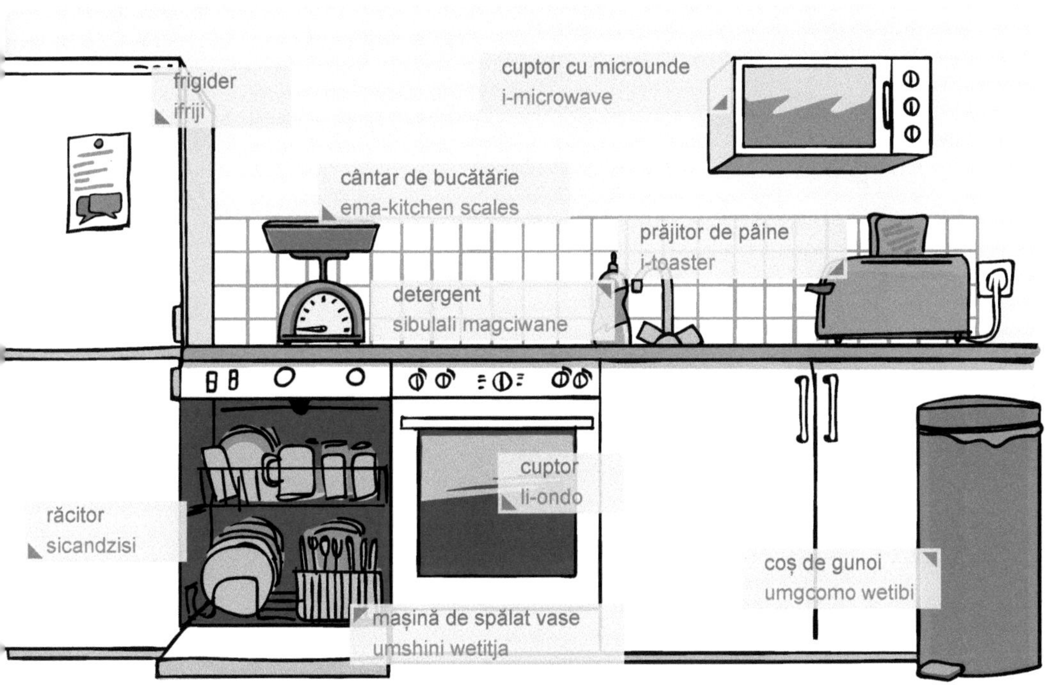

frigider
ifriji
cuptor cu microunde
i-microwave
cântar de bucătărie
ema-kitchen scales
prăjitor de pâine
i-toaster
detergent
sibulali magciwane
cuptor
li-ondo
răcitor
sicandzisi
coș de gunoi
umgcomo wetibi
mașină de spălat vase
umshini wetitja

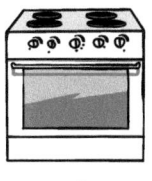

cuptor

umpheki

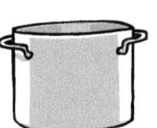

oală

libhodvo

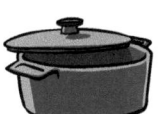

oală de metal

i-cast-iron pot

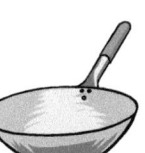

wok/kadai

i-wok /kadai

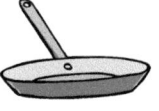

tigaie

lipani

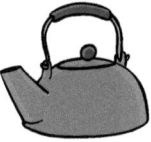

ceainic

ligedlela

oală de gătit cu aburi

i-steamer

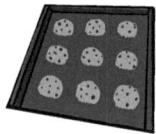

tavă de copt

lipani lekubhaka

veselă

i-crockery

pahar

imagi

bol

indishi

bețișoare

tindvukwana tekujuba

polonic

i-landle

spatulă

si-spatula

tel

i-whisk

sită

i-strainer

sită

i-sieve

răzătoare

i-grater

mojar

i-mortar

grătar

i-barbecue

loc pentru grătar

umlilo lovulekile

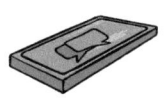

tocător

libhodi lekujuba kudla

sucitor

i-rolling pin

tirbușon

i-corkscrew

conservă

likani

deschizător de conserve

lithulusi lekuvala likani

șervete termice

intfo yekubeka emabhodvo

chiuvetă

izinki

perie

libhulashi

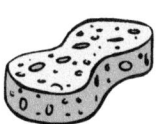

burete

sipontji

mixer

i-blender

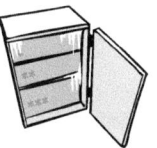

ladă frigorifică

i-deep freezer

biberon

libhodlela lemntfwana

robinet

impompi

baie
likamelo lekugezela

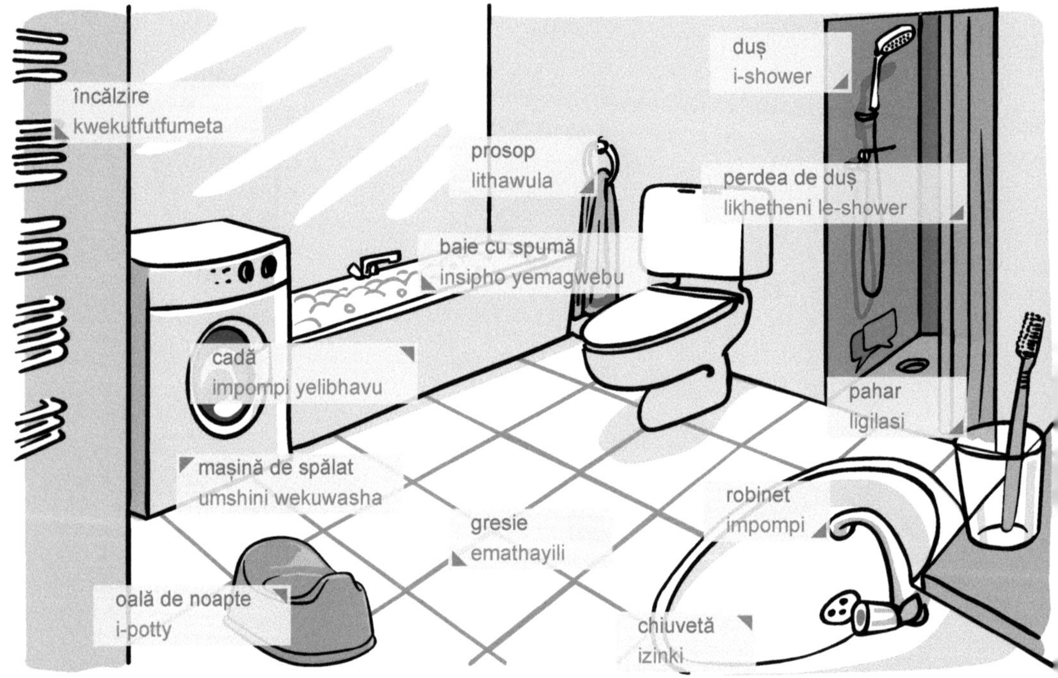

încălzire
kwekutfutfumeta
prosop
lithawula
duș
i-shower
perdea de duș
likhetheni le-shower
baie cu spumă
insipho yemagwebu
cadă
impompi yelibhavu
pahar
ligilasi
mașină de spălat
umshini wekuwasha
robinet
impompi
gresie
emathayili
oală de noapte
i-potty
chiuvetă
izinki

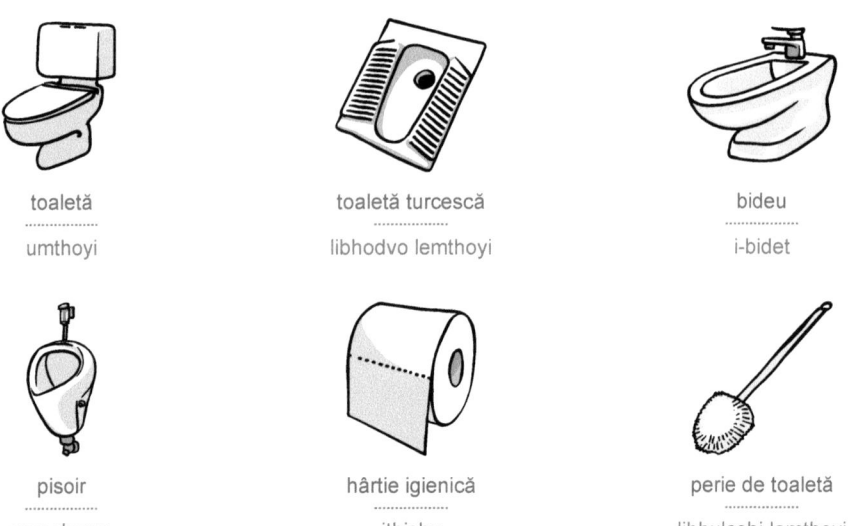

toaletă
umthoyi

toaletă turcească
libhodvo lemthoyi

bideu
i-bidet

pisoir
umnchamo

hârtie igienică
ithishu

perie de toaletă
libhulashi lemthoyi

periuță de dinți

libhulashi lematinyo

pastă de dinți

insipho yematinyo

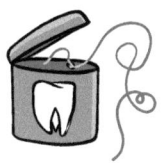

ață dentară

intsambo yekuhlanta ematinyo

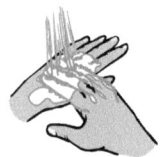

a spăla

washa

cap de duș

liphayiphu le-shower lelibanjwa ngetandla

duș intim

i-douche

lavoar

i-basin

perie pentru spate

libhulashi lemgogodla

săpun

insipho lecinile

gel de duș

i-gel ye-shower

șampon

insipho yemagwebu

cârpă de spălat

i-flannel

scurgere

kwekuhambisa emanti

cremă

i-cream

deodorant

emakha emakhwapha

oglindă
sibuko

oglindă cosmetică
sibuko lesincane

aparat de ras
i-razor

spumă de ras
emagwebu ekushefa

aftershave
kwegcobisa ngemuva
kwekushefa

pieptene
i-comb

perie
libhulashi

uscător de păr
kwekomisa tinwele

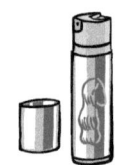

fixator
kwekufutsa tinwele

machiaj
kwekutimomonya

ruj
i-lipstick

lac de unghii
pende wetingalo

vată
i-cotton wool

foarfece de unghii
sikelo setingalo

parfum
emakha

neseser

sikhwama setintfo tekugeza

taburet

situlo

cântar

sikali sesisindvo

halat de baie

kwekugcoka nawugeza

mănuși de cauciuc

emagilavu e-rubber

tampon

i-tampon

tampon

lithawula lekuhlanta

toaletă chimică

imitsi yekukolobha umthoyi

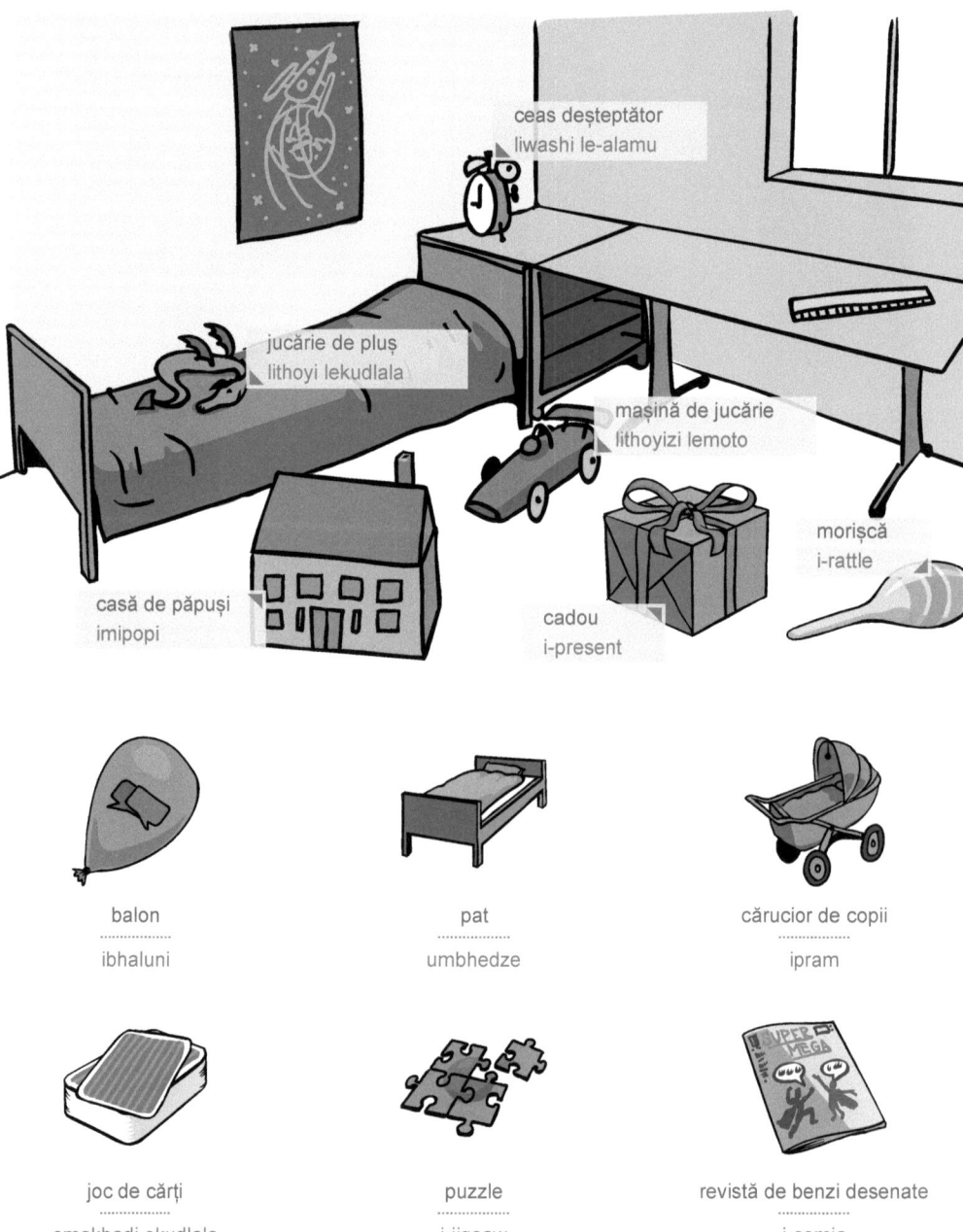

ceas deșteptător
liwashi le-alamu

jucărie de pluș
lithoyi lekudlala

mașină de jucărie
lithoyizi lemoto

morișcă
i-rattle

casă de păpuși
imipopi

cadou
i-present

balon
ibhaluni

pat
umbhedze

cărucior de copii
ipram

joc de cărți
emakhadi ekudlala

puzzle
i-jigsaw

revistă de benzi desenate
i-comic

cuburi lego

emabloko e-lego

piese pentru construcţii

emabloko ekwakha

personaj din filmele de acţiune

i-actionfigure

body

kukhula kwemntfwana

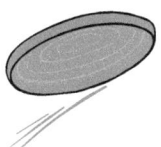

frisbee

i-frisbee

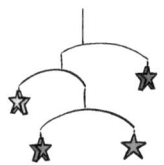

mobil

i-mobile

joc de societate

ibhodi yemdlalo

zar

lidayisi

set trenuleţ de jucărie

isethi yemathoyizi etitimela

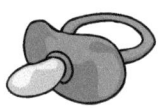

suzetă

i-dummy

petrecere

i-party

carte cu poze

incwadzi yetitfombe

minge

ibhola

păpuşă

nodoli

a se juca

dlala

groapă de nisip

umgodzi wemhlabatsi

leagăn

umjikeli

jucării

emathoyizi

consolă video

umshini wemdlalo wema-video

tricicletă

masondvontsatfu

ursuleț

umdoli welibhele

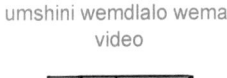

dulap

ihhodrobhu

șosete

emakawosi

ciorapi

ema-stockings

dres

umtjopi

şal
sikafu

curea
libhande

umbrelă
sambulelo

tricou
tikibha

cizme
emabhudzi

papuci
ticatfulo tasendlini

pantofi sport
timphahla tekujima

sandale
tincabule

încălţăminte
ticatfulo

cizme de cauciuc
emabhudzi emvula

chilot
emabhuluko angephansi

sutien
ibhodi

maiou
i-vest

îmbrăcăminte - timphahla tekugcoka

45

body

umtimba

pantaloni

emabhuluko

blugi

ibhokathi

fustă

sikedi

bluză

liblawosi

cămașă

liyembe

pulover

i-pullover

jerseu

i-hoodie

sacou

libhantji

jachetă

silamba

palton

lijazi

pelerină de ploaie

lijazi lemvula

costum

i-costume

rochie

lilogo

rochie de mireasă

likogo lemshado

costum

isudi

cămașă de noapte

i-gown yasebusuku

pijama

emabhijamu

sari

i-sari

batic

sikafu

turban

i-turban

burka

i-burqa

caftan

i-kaftan

abaya

i-abaya

costum de baie

timphahla tekududa

șort

ema-anda

pantaloni scurți

emabhuluko lamafishane

trening

i-treksudi

șorț

liphinifa

mănuși

emaglavu

nasture

inkinobho

ochelari

tibuko

brățară

buhlalu

lanț

umgaco

inel

indandatho

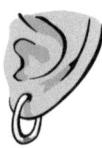

cercel

emacici

căciulă

likepisi

umeraș

i-hanger yelijazi

pălărie

sigcoko

cravată

thayi

fermoar

iziphu

cască

sivikelo senhloko

bretele

kwekusekela sitfo semtimba

uniformă școlară

timphahla tesikolwa

uniformă

inyunifomu

bavețică
....
i-bib

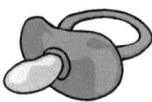

suzetă
....
i-dummy

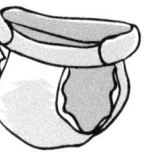

scutec
....
linabukeli

birou
lihhovisi

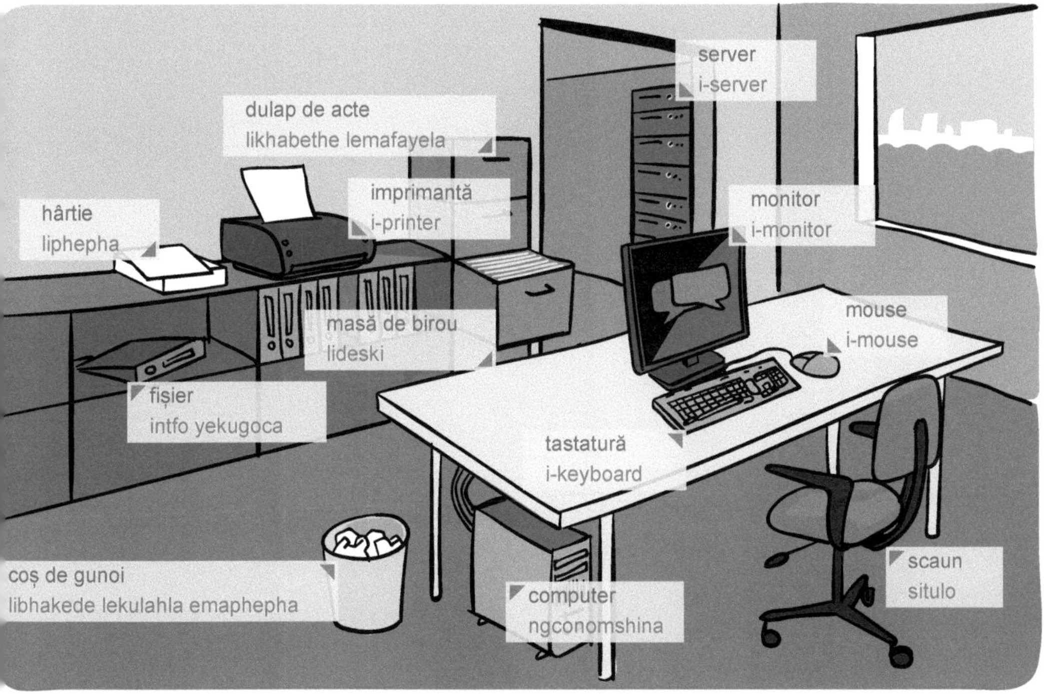

server
i-server

dulap de acte
likhabethe lemafayela

imprimantă
i-printer

monitor
i-monitor

hârtie
liphepha

masă de birou
lideski

mouse
i-mouse

fișier
intfo yekugoca

tastatură
i-keyboard

coș de gunoi
libhakede lekulahla emaphepha

computer
ngconomshina

scaun
situlo

ceașcă de cafea
....
likomishi lelikofi

calculator
....
i-calculator

internet
....
i-inthanethi

laptop

i-laptop

scrisoare

incwadzi

mesaj

umlayeto

telefon mobil

i-mobile

reţea

i-network

copiator

umshini wekwenta emakhophi

software

i-software

telefon

lucingo

priză

liplaliki lagesi

fax

umshini wekufeksa

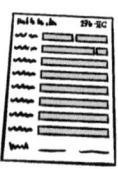

formular

lifomu

document

liphepha

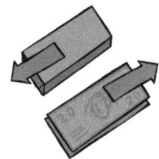

a cumpăra

tsenga

a plăti

bhadala

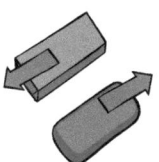

a face comerț

beka imali

bani

imali

Dolar

li-dollar

Euro

li-euro

Yen

li-yen

Rublă

li-rouble

Franc Elveţian

i-Swiss franc

renminbi yuan

i-renminbi yuan

Rupie

i-rupee

bancomat

umshini wemali

casă de schimb valutar

i-bureau de change

aur

ligolide

argint

lisiliva

petrol

woyela

energie

emandla

preţ

linani

contract

sivumelwano

impozit

umtselo

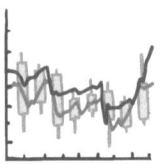

acţiune

sitoko

a munci

sebenta

angajat

sisebenti

angajator

umcashi

fabrică

ifemu

magazin

sitolo

ocupații
tikhundla

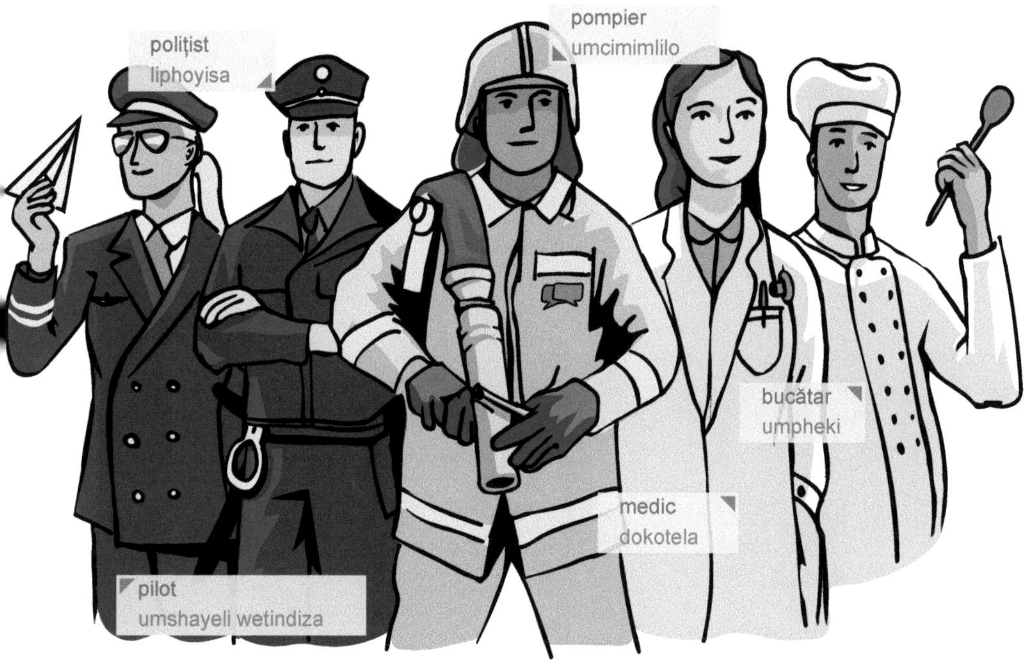
polițist
liphoyisa
pompier
umcimimlilo
bucătar
umpheki
medic
dokotela
pilot
umshayeli wetindiza

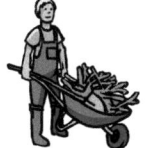

grădinar

losebenta engadzini

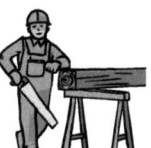

tâmplar

ummbati

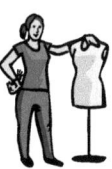

cusătoreasă

umtfungi

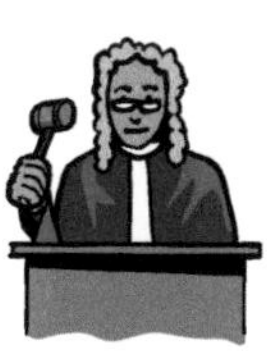

judecător

mehluleli

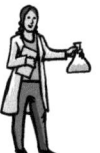

chimist

khemisi

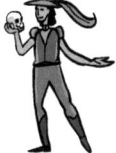

actor

umlingisi

șofer de autobuz

umshayeli webhasi

șofer de taxi

umshayeli wekhumbi

pescar

umdvobi

femeie de serviciu

limedi

tinichigiu

umfuleli

chelnăr

waiter

vânător

umtingeli

pictor

mapendani

brutar

umbhaki

electrician

gesana

muncitor în construcții

meselane

inginer

sonjiniyela

măcelar

umtsengisi wenyama

instalator

somaphayiphi

poștaș

lohambisa liposi

soldat

lisotja

arhitect

umdvwebi wemapulani

casier

umtsengisi

florar

umtsengisi wetimbali

frizer

losebenta ngetinwele

controlor

umbhidisi

mecanic

mekhenikha

căpitan

kaputeni

stomatolog

dokotela wematinyo

om de știință

sosayensi

rabin

rabi

imam

imam

călugăr

monk

preot

umfundisi

instrumente
emathulusi

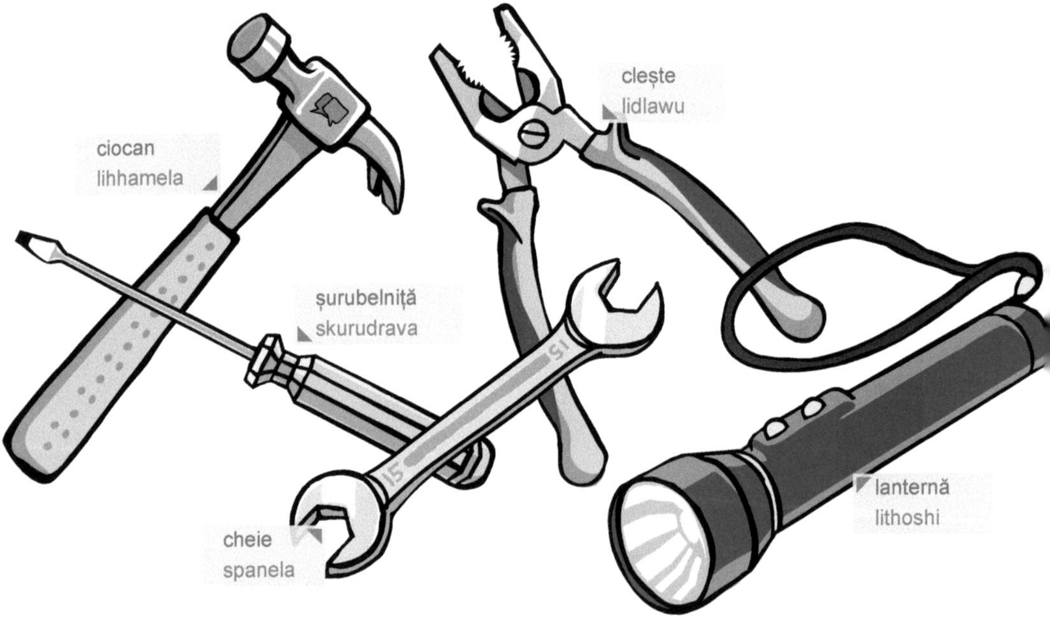
ciocan
lihhamela
clește
lidlawu
șurubelniță
skurudrava
cheie
spanela
lanternă
lithoshi

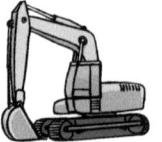

excavator

lifosholo

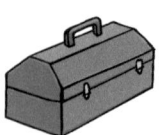

cutie de scule

libhokisi lemathulusi

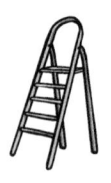

scară

lilele

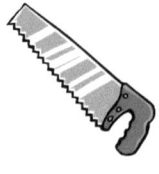

ferăstrău

lisaha

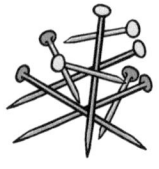

cuie

tipikili

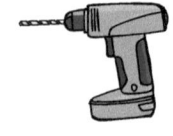

burghiu

umshini wekwenta timbobo

a repara

lungisa

lopată

lifosholo

La naiba!

i-Damni!

făraș

lipani lekuwola tibi

vas pentru vopsea

likani lapende

șuruburi

tikruzi

instrumente muzicale
insimbi yemculo

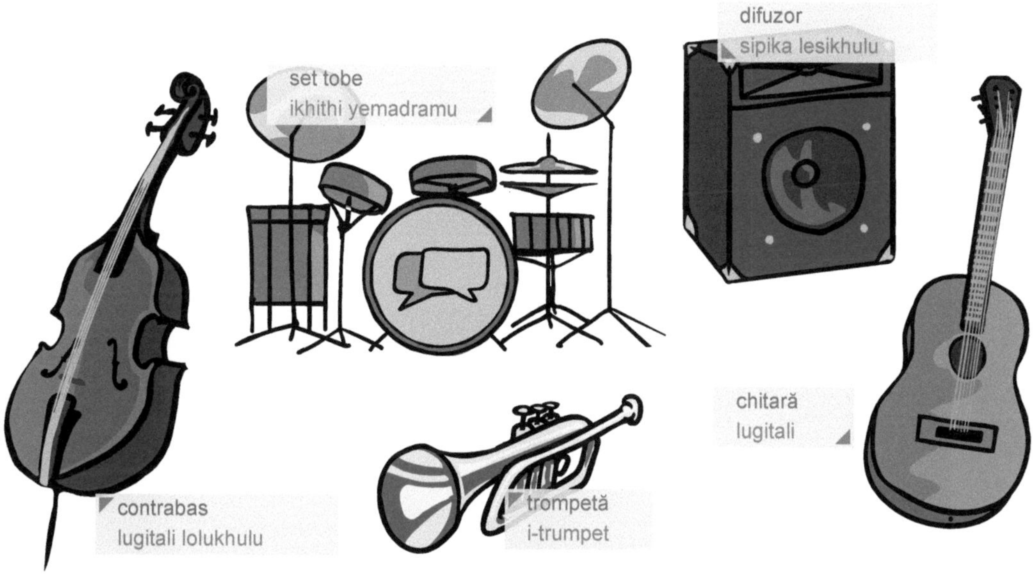

difuzor
sipika lesikhulu

set tobe
ikhithi yemadramu

chitară
lugitali

contrabas
lugitali lolukhulu

trompetă
i-trumpet

pian
i-piano

vioară
ivayolini

bas
ibhesi

trombon
i-timpani

tobă
emadramu

keyboard
i-keyboard

saxofon
i-saxohone

fluier
ifluthi

microfon
umbhobho

grădină zoologică

i-zoo

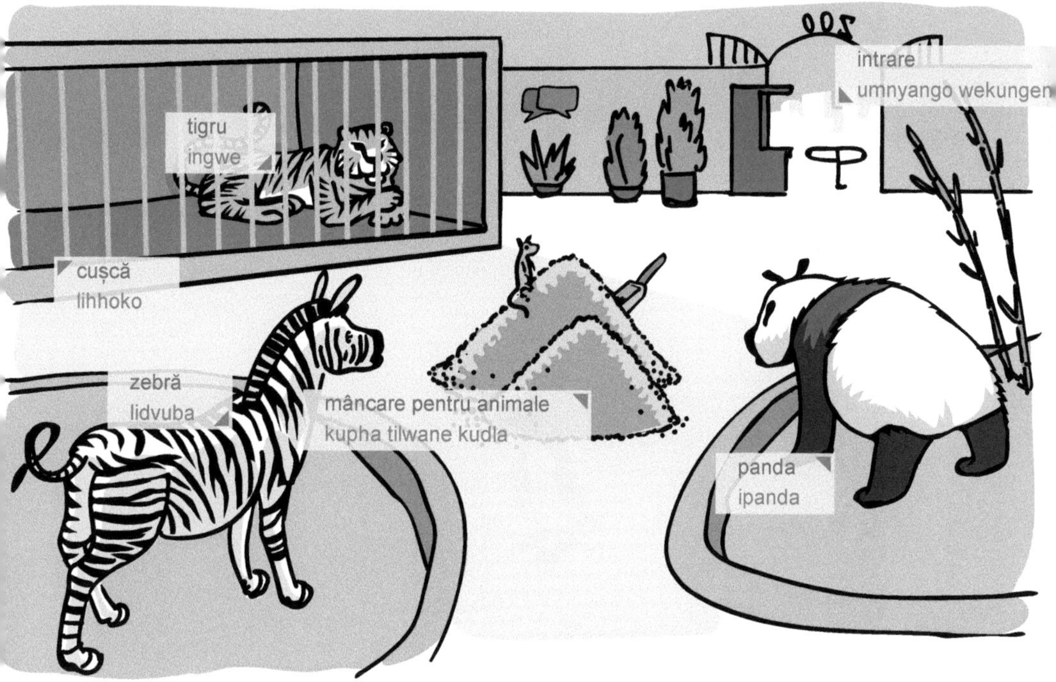
zoo
intrare
umnyango wekungena
tigru
ingwe
cușcă
lihhoko
zebră
lidvuba
mâncare pentru animale
kupha tilwane kudla
panda
ipanda

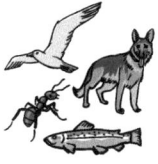

animale
tilwane

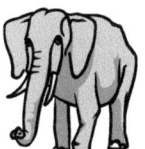

elefant
indlovu

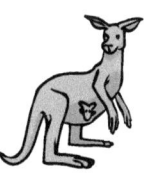

cangur
ikangaru

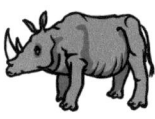

rinocer
bhejane

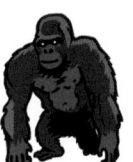

gorilă
igorila

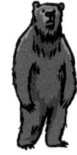

urs
libhele

cămilă
likamela

struţ
i-ostrishi

leu
libhubesi

maimuţă
imfene

flamingo
i-flamingo

papagal
iparoti

urs polar
libhele

pinguin
iphejini

rechin
shaka

păun
iphigogo

şarpe
inyoka

crocodil
ingwenya

îngrijitor grădina zoologică

umgcini tilwane

focă
isili

jaguar
i-jaguar

ponei

poni

leopard

ingwe

hipopotam

imvubu

girafă

indlulamitsi

acvilă

lusweti

porc mistreț

ingulube yesiganga

pește

imfishi

broască țestoasă

lifundvu

morsă

i-warasi

vulpe

jakalazi

gazelă

inyamatane

fotbal american
libhola letinyawo laseMelika

ciclism
umdlalo wemabhayisikili

tenis
itenesi

basketball
i-basketball

înot
kududa

box
umdlalo wetibhakela

hockey pe gheață
umdlalo waselichweni

fotbal

libhola letinyawo

badminton

i-badminton

atletism

tingijimi

handbal

libhola letandla

schi

umdlalo wekuntjuza

polo

i-polo

a sări
gcuma

a râde
hleka

a îmbrățișa
gona

a merge
hamba

a cânta
hlabela

a visa
liphupho

a se ruga
thantaza

a săruta
cabuza

a scrie
bhala

a desena
tsatsa

a arăta
khombisa

a împinge
fuca

a da
nika

a lua
tsatsa

a avea
tsatsa

a face
yenta

a fi
be

a sta în picioare
sukuma

a fugi
gijima

a trage
dvonsa

a arunca
jika

a cădea
wani

a sta întins
cala emanga

a aștepta
mani

a purta
tsatsa

a ședea
hlala

a se îmbrăca
yembatsa

a dormi
lala

a se trezi
vuka

a privi

buka

a plânge

khala

a mângâia

shaya

a se pieptăna

kama

a vorbi

khuluma

a înțelege

condza

a întreba

buta

a asculta

lalela

a bea

natsa

a mânca

dlani

a face ordine

gcogca

a iubi

tsandza

a găti

pheka

a conduce

shayela

a zbura

ndiza

a naviga

ntjuza

a calcula

bala

a citi

fundza

a învăța

fundza

a munci

sebenta

a se căsători

shada

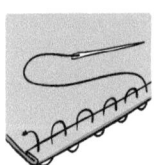

a coase

tfunga

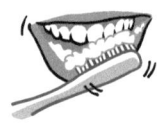

a se spăla pe dinți

kugeza ematinyo

a ucide

bulala

a fuma

bhema

a trimite

tfumela

bunică
gogo

bunic
mkhulu

tată
babe

mamă
make

bebeluş
umntfwana

sоră
indvodzakati

fiu
indvodzana

oaspete

sivakashi

mătuşă

anti

unchi

malume

frate

umnaketfu

sоră

sisi

corp
umtimba

frunte
siphongo
ochi
liso
fată
buso
bărbie
silevu
piept
libele
deget
umuno
mână
sandla
braț
umkhono
umăr
lihlombe
picior
umbala

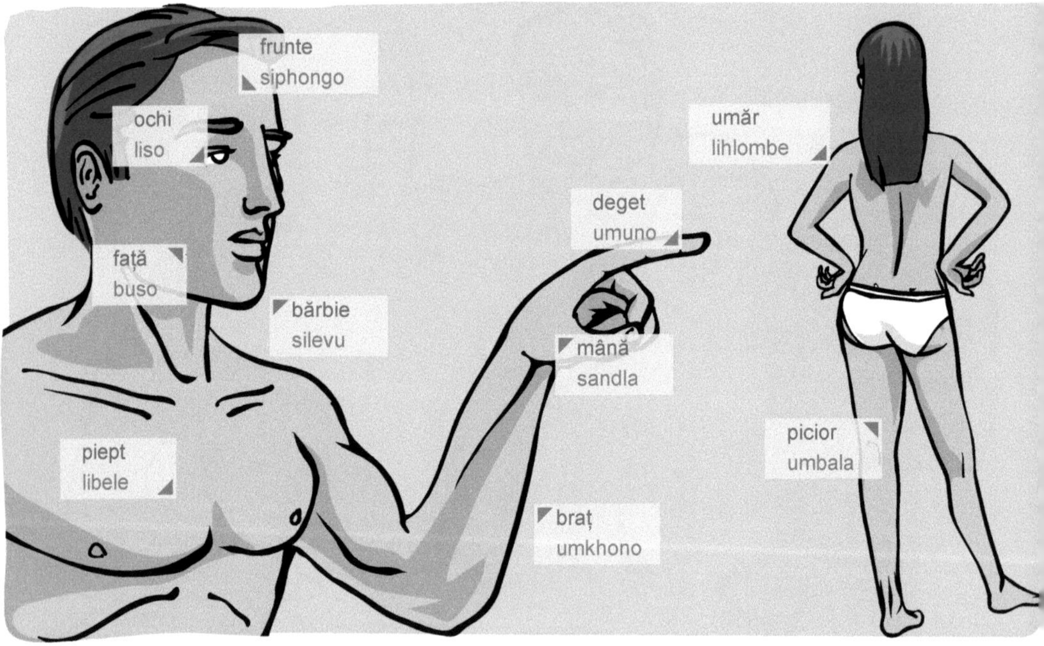

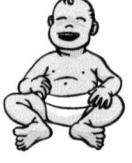

bebeluș
umntfwana

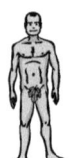

bărbat
indvodza

femeie
umfati

fată
intfombatane

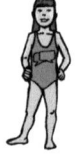

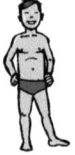

băiat
umfana

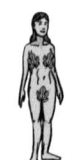

cap
inhloko

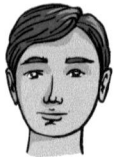

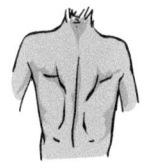

spate

emuva

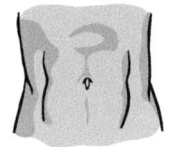

abdomen

umkhatjana

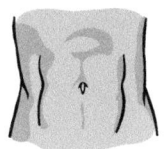

ombilic

sibhono

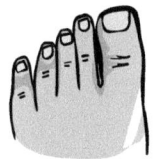

deget de la picior

luzwane

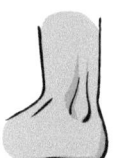

călcâi

sitsendze

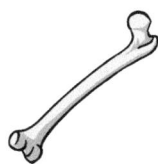

os

litsambo

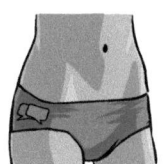

șold

litsanga

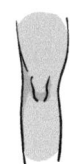

genunchi

lidvolo

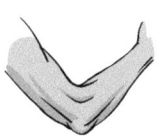

cot

ingcosa

nas

imphumulo

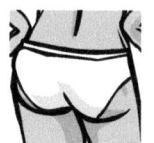

fund

entansi

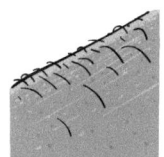

piele

sikhumba

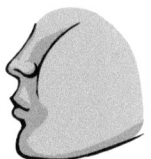

obraz

sihlatsi

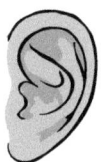

ureche

indlebe

buză

indzebe

gură

umlomo

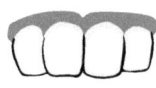

dinte

litinyo

limbă

lilimi

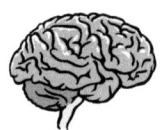

creier

bucopho

inimă

inhlitiyo

mușchi

umsipha

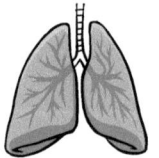

plămân

liphaphu

ficat

sibindzi

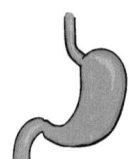

stomac

sisu

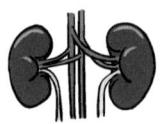

rinichi

tinso

sex

kulalana

prezervativ

lijazi lemkhwenyana

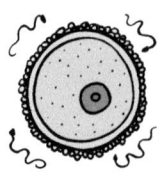

ovul

licandza lentalo

spermă

sidvodza

sarcină

kukhulelwa

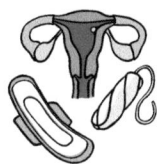

menstruație
kuya esikhatsini

vagin
ligolo

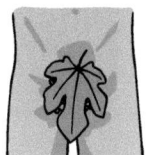

penis
umpipi

sprânceană
inkhophe

păr
lunwele

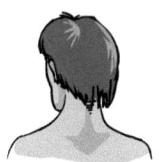

gât
intsamo

spital
sibhedlela

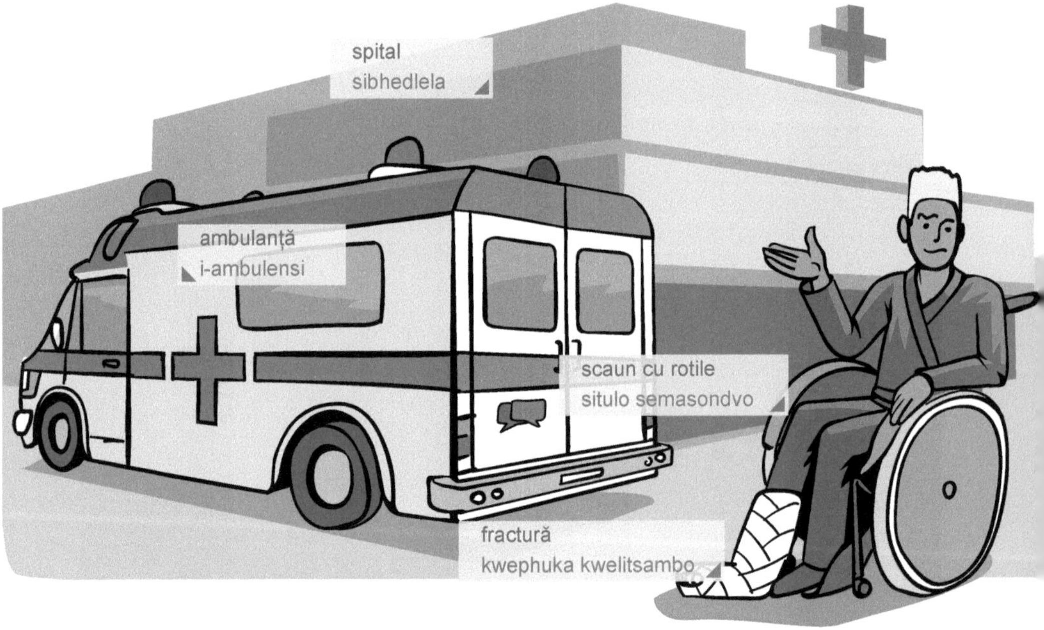

spital
sibhedlela
ambulanță
i-ambulensi
scaun cu rotile
situlo semasondvo
fractură
kwephuka kwelitsambo

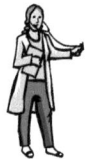

medic

dokotela

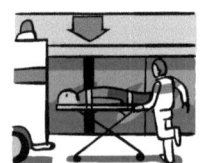

unitate de primiri urgențe

ligumbi letimo letiphutfumako

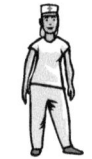

soră medicală

nesi

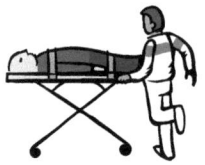

urgență

simo lesiphutfumako

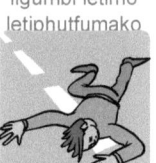

inconștient

kucaleka

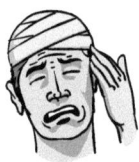

durere

buhlungu

leziune

kulimala

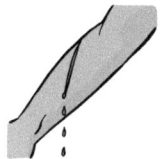

sângerare

kopha

infarct miocardic

kuhlaselwa sifo senhlitiyo

atac cerebral

kufa luhlangotsi

alergie

i-aleji

tuse

kukhwehlela

febră

kushisa

gripă

umkhuhlane

diaree

kusheka

durere de cap

kubulawa yinhloko

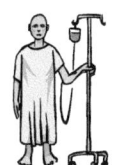

cancer

umdlavuza

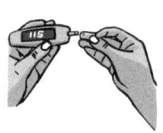

diabet

kuba nashukela

chirurg

dokotela

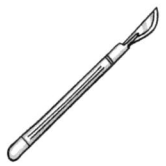

scalpel

umukhwa wekusika
wabodokotela

operaţie

kusikwa

CT

i-CT

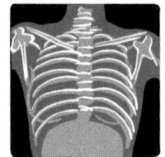

raze Röntgen

i-x ray

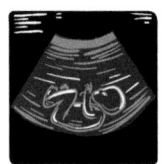

ultrasunet

umsindvo

mască

sifonyo

boală

sifo

sală de așteptare

ligumbi lekulindza

cârjă

indvuku yekuhamba

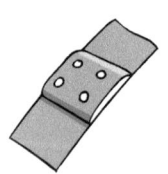

plasture

i-plaster

bandaj

ibhandishi

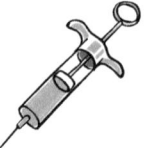

injecție

umjovo

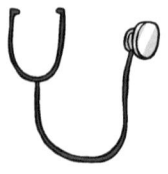

stetoscop

lithulusi labodokotela
lekulalela inhlitiyo

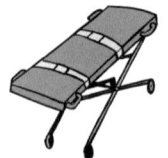

targă

luhlaka

termometru

kwekuhlola lizinga lemuntfu
lekushisa

naștere

kutalwa

supraponderabilitate

kunona kakhulu

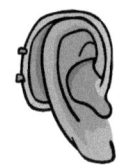

aparat auditiv

tinsita tekuva etindlebeni

dezinfectant

sibulali magciwane

infecţie

kwesuleleka ngesifo

virus

ligciwane

HIV/SIDA

i-HIV / AIDS

medicină

umutsi

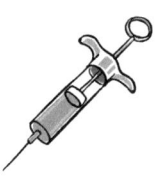

vaccin

kugoma

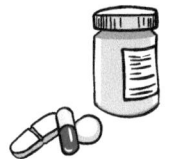

tablete

emaphilisi

pastilă

liphilisi

apel de urgenţă

lucingo loluphutfumako

aparat de măsurare a
presiunii arteriale

sicaphi semfutfo wengati

bolnav/sănătos

gula / umcemane

Ajutor!

Lusito!

alarmă

i-alamu

agresiune

kuhlukumeta

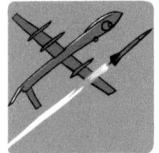

atac

kuhlasela

pericol

ingoti

ieşire de urgenţă

umnyango wekuphuma
nakuphutfuma

Foc!

Umlilo

extinctor

sicishamlilo

accident

ingoti

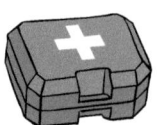

trusă de prim-ajutor

ikhidi yelusito lwekucala

SOS

SOS

poliţie

emaphoyisa

Europa

i-Europe

America de Nord

iNyakatfo YeMelika

America de Sud

iNingizimu YeMelika

Africa

i-Afrika

Asia

i-Asia

Australia

i-Australia

Altantic

i-Atlantic

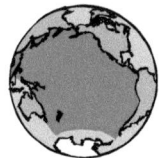

Pacific

i-Pacific

Oceanul Indian

i-Idian Ocean

Oceanul Antarctic

i-Antarctic Ocean

Oceanul Arctic

i-Arctic Ocean

Polul Nord

Ligumbi laseNyakatfo

Polul Sud

Ligumbi laseNingizimu

Antarctica

iAntarctica

pământ

Umhlaba

țară

indzawo

mare

lwandle

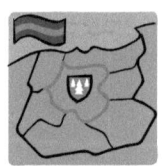

insulă

sichingi

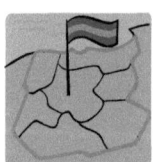

națiune

sive

stat

umbuso

cadran

buso beliwashi

orar

li-awa

minutar

imizuzu

secundar

imizuzwana

Cât e ceasul?

sikhatsi sini nyalo?

zi

lusuku

timp

sikhatsi

acum

nyalo

cead digital

liwashi lesimanjemanje

minut

umzuzu

oră

li-awa

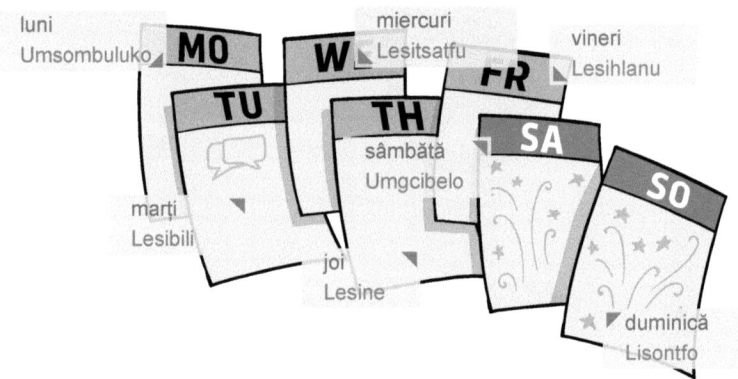

luni
Umsombuluko

miercuri
Lesitsatfu

vineri
Lesihlanu

sâmbătă
Umgcibelo

marți
Lesibili

joi
Lesine

duminică
Lisontfo

ieri

itolo

azi

lamuhla

mâine

kusasa

dimineață

ekuseni

amiază

emini

seară

entsambama

zile lucrătoare

emalanga emsebenti

week-end

imphelasontfo

ploaie
imvula

curcubeu
umushi wenkhosatane

zăpadă
umkhitsiko

vânt
umoya

primăvară
Intfwasahlobo

vară
lihlobo

toamnă
Intfwasabusika

iarnă
busika

4.APRIL	11°	☀
5.APRIL	4°	
6.APRIL	13°	
7.APRIL	8°	☀
8.APRIL	10°	☀

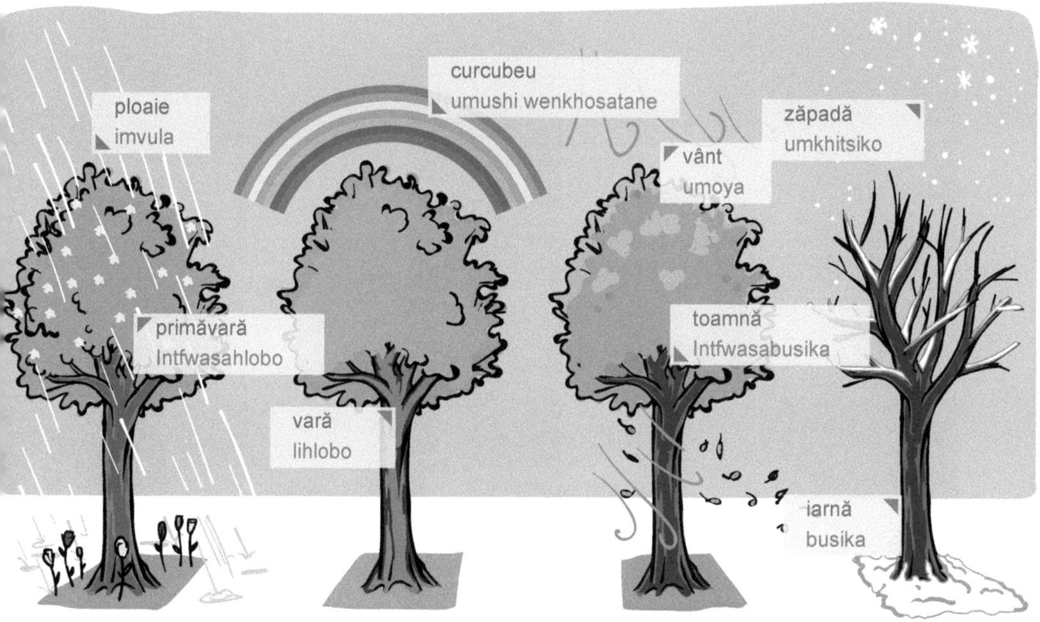

prognoză meteo

simo selitulo

termometru

kwekuhlola lizinga lekushisa

lumina soarelui

kubalela

nor

emafu

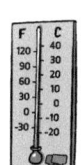

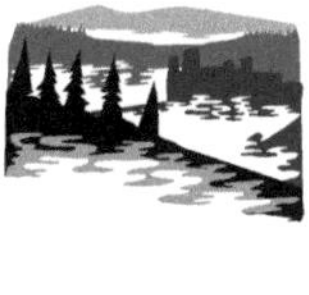

ceață

inkhungu

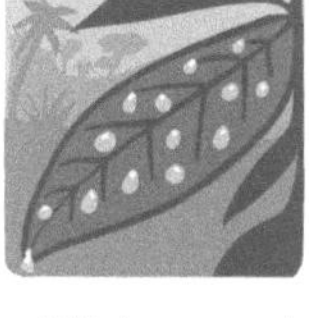

umiditate a aerului

umswakamo

fulger

umbane

tunet

umbane

furtună

kudvuma lobunebungoti

grindină

sangcotfo

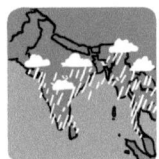

muson

inyeti

inundație

tikhukhula

gheață

lichwa

ianuarie

Bhimbidvwane

februarie

Indlovana

martie

Indlovulenkhulu

aprilie

Mabasa

mai

Inkhwenkhweti

iunie

Inhlaba

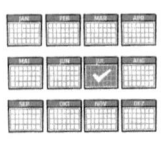

iulie

Kholwane

august

Ingci

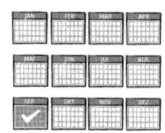

septembrie
Inyoni

octombrie
Imphala

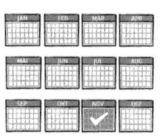

noiembrie
Lweti

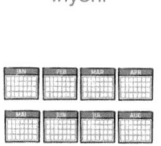

decembrie
Ingongoni

forme
kubumbeka kwetintfo

cerc
indingiliza

pătrat
sikwele

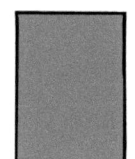

dreptunghi
umdvwebo lonetinhlangotsi
letindze letilinganako

triunghi
ncantsatfu

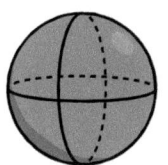

sferă
i-sphere

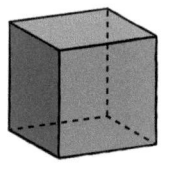

cub
ikhiyubhu

alb

kumhlophe

galben

phuti

portocaliu

sheli

roz

kupinki

roșu

kubovu

violet

kunsomi

albastru

luhlata

verde

luhlata njengetjani

maro

loku-brown

gri

mtfubi

negru

mnyama

mult/puțin

kunyenti / kuncane

furios/calm

kutfukutsela / kwehlisa umoya

frumos/urât

buhle / bubi

început/sfârșit

sicalo / siphetfo

mare/mic

bukhulu / buncane

luminos/întunecat

kukhanya / bumnyama

frate/soră

bhuti / sisi

curat/murdar

kuhloba / kungcola

complet/incomplet

kuphelela / kungapheleli

zi/noapte

imi / busuku

mort/viu

kufa / kuphila

lat/strâmt

kubanti / kuncane

comestibil/necomestibil

lokudliwako / lokungadliwa

răul/prietenos

inhlitiyo lembi / umusa

emoționat/plictisit

kutsakasa / kudvumala

gras/slab

sidudla / umcondvo

primul/ultimul

kwekucala / kwekugcina

prieten/inamic

umngani / sitsa

plin/gol

kugcwala / kute lutfo

tare/moale

kucina / kutsamba

greu/ușor

kusindza / kulula

foame/sete

kulamba / koma

bolnav/sănătos

gula / umcemane

ilegal/legal

kungabi semtsetfweni /
kuba semtsetfweni

inteligent/stupid

kuhlakanipha / bulima

stânga/dreapta

sencele / sekudla

aproape/departe

dvutane / khashane

nou/uzat

lokusha / lokudzala

nimic/ceva

kute lutfo / kunalokutsite

bătrân/tânăr

budzala / busha

pornit/oprit

kuyasebenta / akusebenti

deschis/închis

kuvulekile / kuvalekile

încet/tare

kuthula / umsindvo

bogat/sărac

kunjinga / kuphuya

corect/fals

kulungile / akukalungi

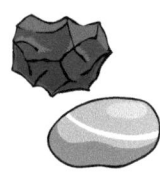

aspru/neted

kuyahhedla / kuyashelela

trist/fericit

kuva buhlungu / kujabula

lung/scurt

kufishane / kudze

încet/repede

kunwabuka / kushesha

ud/uscat

kumanti / komile

cald/rece

kufutfumele / kusivuvu

război/pace

imphi / kuthula

0

zero

indilinga

1

unu

kunye

2

doi

kubili

3

trei

kutsatfu

4

patru

kune

5

cinci

sihlanu

6

șase

sitfupha

7

șapte

sikhombisa

8

opt

siphohlongo

9

nouă

yimfica

10

zece

lishumi

11

unsprezece

lishumi nakunye

12

douăsprezece

lishumi nakubili

13

treisprezece

lishumi nakutsatfu

14

paisprezece

lishumi nakune

15

cincisprezece

lishumi nesihlanu

16

șaisprezece

lishumi nesitfupha

17

șaptesprezece

lishumi nesikhombisa

18

optsprezece

lishumi nesiphohlongo

19

nouăsprezece

lishumi nemfica

20

douăzeci

emashumi lamabili

100

o sută

likhulu

1.000

o mie

inkhulungwane

1.000.000

un milion

sigidzi

engleză

Singisi

engleză americană

Singisi saseMelika

chineza mandarină

SiMandarini seseShayina

hindi

SiHindi

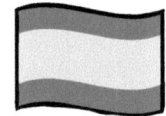

spaniolă

Sipanishi

franceză

SiFulentji

arabă

Si-Arabu

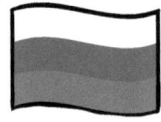

rusă

SiRashiya

protugheză

SiPhuthukezi

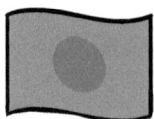

bengaleză

SiBhengali

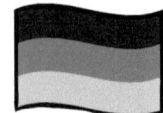

germană

SiJalimane

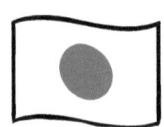

japoneză

SiJapane

eu

Mine

tu

wena

el/ea

yena / yona

noi

tsine

voi

nine

ea

bona

cine?

bani?

ce?

ini?

cum?

njani?

unde?

kuphi?

când?

nini?

nume

libito

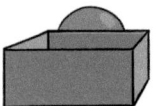

în spate

ngemuva

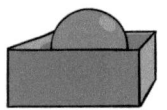

în

ekhatsi

înainte

embi kwe

peste

ngenhla

pe

etulu

sub

ngephansi

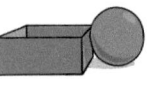

lângă

eceleni

între

emkhatsini

loc

indzawo